Comment se défendent les animaux?

Etta Kaner
Illustrations de Pat Stephens

Texte français de Dominique Chichera

Éditions
SCHOLASTIC

À Caitlin – P.S.

Catalogage avant publication de Bibliothèque et Archives Canada

Kaner, Etta
Comment se défendent les animaux?/Etta Kaner;
illustrations de Pat Stephens; texte français de Dominique Chichera.

(J'observe les animaux)
Traduction de : How animals defend themselves.
Pour les 6-8ans.

ISBN 978-0-545-99862-8

1. Animaux--Moyens de défense--Ouvrages pour la jeunesse.
2. Animaux--Armes--Ouvrages pour la jeunesse. I. Stephens, Pat
II. Chichera, Dominique III. Titre. IV. Collection.

QL49.K4614 2007   j591.47   C2007-901021-0

Conception graphique : Sherill Chapman

Édition publiée par les Éditions Scholastic,
604, rue King Ouest, Toronto (Ontario) M5V 1E1,
avec la permission de Kids Can Press Ltd.

5 4 3 2 1   Imprimé et relié à Singapour   07 08 09 10 11

Table des matières

Quand le danger rôde

Que fais-tu quand tu as peur? Est-ce que tu appelles à l'aide? Est-ce que tu te caches ou est-ce que tu te sauves? Certains animaux ont aussi toutes ces réactions quand ils sont effrayés. Mais beaucoup d'animaux se protègent du danger de façon très étonnante.

Regarde les couleurs vives de cette pieuvre à anneaux bleus.

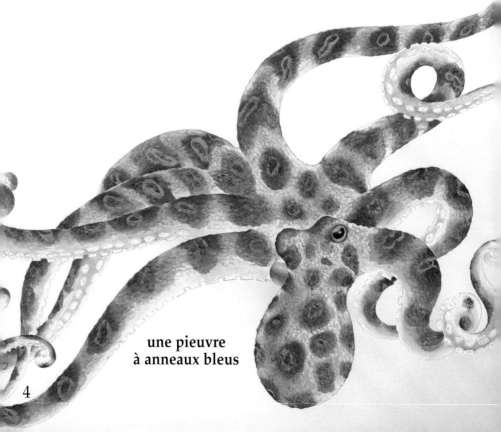

une pieuvre
à anneaux bleus

Voici à quoi elle ressemble quand il y a du danger. Cette pieuvre peut changer de couleur, ce qui la rend très difficile à voir dans l'océan.

Poursuis ta lecture pour en savoir plus sur les astuces que les animaux utilisent pour se protéger du danger.

Quel spectacle!

Comment fait un petit animal pour ne pas être mangé? Regarde bien ces animaux.

un crapaud

Si un serpent s'approche, le crapaud peut se gonfler et se dresser sur ses quatre pattes et, ainsi, paraître trop gros pour être avalé.

La chenille du papillon porte-queue éloigne les oiseaux affamés en leur faisant croire qu'elle est un serpent. Elle possède une fausse langue rouge qui ressemble à celle d'un serpent.

une chenille
de papillon porte-queue

Le lézard à langue bleue
est une variété de lézard.
Quand il est effrayé,
il sort sa longue langue
bleue et charnue, pour
éloigner les animaux qui
veulent le manger.

un lézard
à langue bleue

L'amadine cou-coupé d'Afrique est un autre
animal qui fait semblant d'être un serpent
quand le danger approche. Cet oiseau peut
siffler et se tortiller comme un serpent.

une amadine cou-coupé d'Afrique

un sphinx ocellé

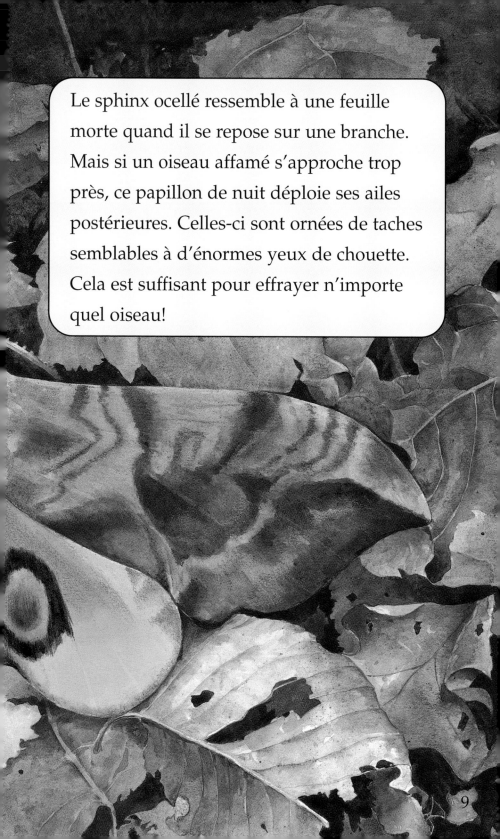

Le sphinx ocellé ressemble à une feuille
morte quand il se repose sur une branche.
Mais si un oiseau affamé s'approche trop
près, ce papillon de nuit déploie ses ailes
postérieures. Celles-ci sont ornées de taches
semblables à d'énormes yeux de chouette.
Cela est suffisant pour effrayer n'importe
quel oiseau!

Peux-tu me trouver?

Quand un animal se fond dans son cadre naturel, on dit qu'il utilise la technique du camouflage. Le camouflage rend un animal difficile à voir pour ses ennemis.

Le podarge gris d'Australie est un oiseau qui dort toute la journée dans un arbre. La forme de son corps et ses plumes brunes le font ressembler à une branche cassée.

un podarge gris
d'Australie

Devine ce que le crabe décorateur
utilise pour se camoufler.
Des algues! Il en coupe
des morceaux avec
ses pinces, puis en
recouvre sa carapace.
C'est une bonne
façon de se rendre
invisible et de se
prémunir contre
les dangers.

un crabe décorateur

La limande cherche sa nourriture au fond
de l'océan. Si le fond est
sablonneux, sa peau
change de couleur
pour se confondre
avec le sable. Sur
un fond rocheux,
elle se confond
avec les rochers.

une limande

11

Le castor se sert de branches et de boue pour construire sa hutte au milieu d'un étang. À l'intérieur se trouve une chambre sèche et douillette. La seule façon d'y pénétrer est d'emprunter un tunnel secret sous l'eau. Les ours affamés ne peuvent donc pas y entrer.

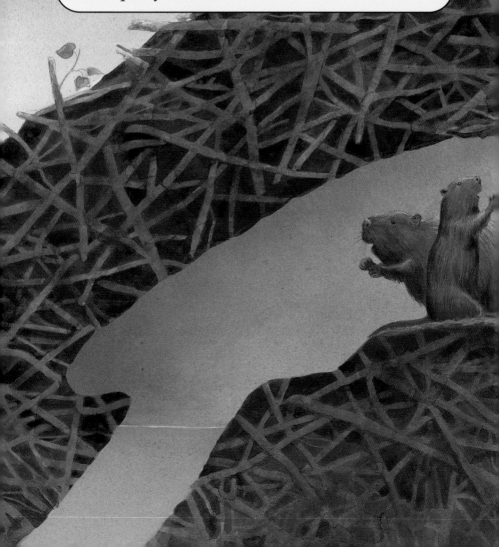

Les imitateurs

Certains animaux sont de parfaits imitateurs. Ils ressemblent aux animaux que leurs ennemis ne veulent pas manger et imitent aussi leur comportement.

Les oiseaux savent qu'ils peuvent s'empoisonner en mangeant un papillon monarque. Comme le papillon vice-roi ressemble beaucoup au papillon monarque, les oiseaux ne s'approchent pas de ces deux variétés de papillons.

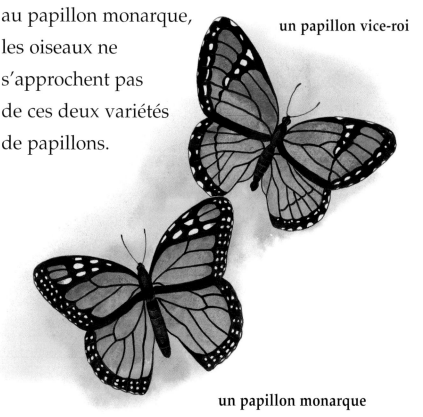

un papillon vice-roi

un papillon monarque

Les oiseaux et les lézards mangent les araignées, mais pas les fourmis. C'est pourquoi beaucoup d'araignées essaient de leur ressembler en tendant deux pattes devant leur tête pour simuler les antennes des fourmis.

une fourmi

une araignée

Les oiseaux ne mangent pas les abeilles parce qu'ils savent qu'elles peuvent piquer. La syrphe ressemble suffisamment à une abeille pour tromper les oiseaux. Elle peut même bourdonner comme une abeille si un oiseau s'approche.

une syrphe

une abeille

Ces serpents sont-ils jumeaux? Regarde attentivement leurs rayures et tu t'apercevras qu'elles sont différentes. Le serpent-corail est venimeux, mais le serpent-roi ne l'est pas. Les animaux ne font pas la différence entre ces deux espèces de serpents; c'est pourquoi ils ne s'approchent d'aucun des deux.

un serpent-corail

un serpent-roi

Tu ne peux pas me blesser

Certains animaux sont munis d'une carapace dure qui les protège des blessures causées par les autres animaux.

Les tortues possèdent une carapace dure qui protège leur corps. La tortue-boîte à trois doigts est pourvue d'une carapace particulière. Sa partie inférieure peut se relever et la tortue se trouve en sécurité à l'intérieur.

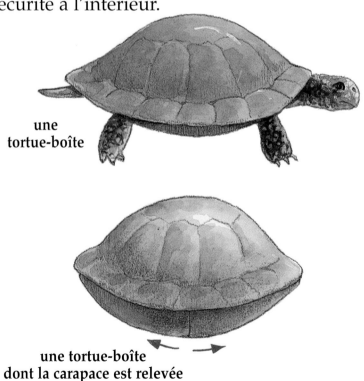

une
tortue-boîte

une tortue-boîte
dont la carapace est relevée

Le tatou à trois bandes se roule en boule et sa carapace dure le protège des animaux qui voudraient l'attaquer.

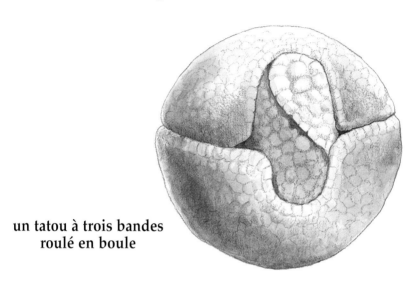

**un tatou à trois bandes
roulé en boule**

Une coquille épaisse et lourde protège la palourde géante. Sa coquille est aussi longue qu'une baignoire et aucun animal ne peut la casser ni l'ouvrir.

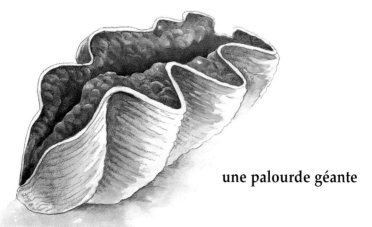

une palourde géante

Le corps du porc-épic d'Amérique est recouvert de milliers de piquants acérés. Si un animal essaie de l'attaquer, le porc-épic balance sa queue d'un côté et de l'autre. Les piquants s'implantent dans la peau de son assaillant lorsque la queue épineuse parvient à le frapper.

la pointe d'un piquant
de porc-épic

Danger, n'approche pas!

Certains animaux ont des couleurs vives qui envoient un avertissement à leurs ennemis : « N'approchez pas! Si vous me mangez, vous allez être malades! »

La mouffette rayée a deux bandes blanches sur le dos. Ces bandes préviennent ses prédateurs de ne pas s'approcher. S'ils persévèrent, la mouffette leur projette un liquide sur la tête. Non seulement ce liquide sent très mauvais, mais il peut aussi rendre l'assaillant aveugle pendant plusieurs heures.

une mouffette rayée

Les coccinelles ont une robe rouge ou jaune vif parsemée de points noirs. Ces couleurs avertissent les oiseaux, les araignées et les abeilles de ne pas les manger car elles ont un goût horrible!

une coccinelle

Le sonneur à ventre de feu d'Orient montre à ses prédateurs la couleur orangée de son ventre pour les prévenir que sa peau sécrète un poison irritant.

un sonneur à ventre de feu d'Orient

Ces dendrobates vivent dans les forêts tropicales d'Amérique du Sud. Leurs couleurs vives avisent leurs prédateurs que leur peau est venimeuse. Un oiseau ou un serpent qui essaierait d'en manger un le recracherait aussitôt.

L'union fait la force

Certains animaux essaient de se protéger en vivant en troupeaux. D'autres vivent avec une autre espèce d'animaux et s'entraident. Vivre en groupe est plus sécuritaire que vivre seul.

Les dauphins vivent en groupes. Si un requin affamé s'approche, les dauphins l'attaquent de tous côtés avec leurs becs.

des dauphins attaquant un requin

un impala

un babouin

Les impalas et les babouins se déplacent souvent ensemble. Les impalas ont l'ouïe et l'odorat très développés tandis que les babouins peuvent voir venir le danger de loin. Ils s'allient donc pour éviter leurs assaillants éventuels.

Le pique-bœuf vit sur le dos des buffles d'Afrique. Pourquoi? Parce qu'il mange les insectes qui vivent sur la peau des buffles.

En cas de danger, le pique-bœuf avertit le buffle en criant et battant des ailes. Si le buffle ne lui prête pas attention, le pique-bœuf lui donne des coups de bec sur la tête!

un pique-bœuf

un buffle
d'Afrique

un gobie
à bandes rouges

une crevette

Un petit poisson appelé gobie à bandes rouges
et une crevette aveugle vivent en parfaite
harmonie. La crevette creuse un terrier où ils
vivent ensemble et le gobie laisse la crevette se
nourrir des restes de son repas.

La crevette garde ses antennes en contact avec
la queue du gobie. Si le gobie remue la queue,
la crevette sait qu'il y a du danger. Tous deux
vont alors se réfugier dans leur terrier.

User de subterfuges

Beaucoup d'animaux usent de toutes sortes de subterfuges afin de préserver leur vie.

un opossum
d'Amérique

L'hétérodon et l'opossum d'Amérique déjouent tous les deux leurs prédateurs en leur faisant croire qu'ils sont morts. L'hétérodon laisse même des gouttes de sang s'écouler de sa bouche!

un hétérodon

Si un ennemi saisit la queue d'un gecko-léopard, devine ce qui arrive. La queue se casse et continue de remuer! Cela surprend l'assaillant et donne au gecko le temps de s'échapper.

La queue du gecko repoussera, mais elle ne sera pas aussi longue, ni aussi droite, que la précédente.

un gecko-léopard

Tu ne m'attraperas pas

Beaucoup d'animaux échappent au danger grâce à leur rapidité. Ils peuvent courir, voler ou nager à toute vitesse.

Le phalanger volant, originaire d'Australie, ne peut pas voler comme un oiseau, mais il peut planer dans les airs. Il saute d'un arbre à l'autre en déployant les replis de peau situés de chaque côté de son corps. Sa queue touffue lui sert de gouvernail.

un phalanger
volant

297·5